ትምህርት ቤት - skoro 2
ጉዞ - koiri 5
መጓጓዣ - transport 8
ከተማ - foto 10
መልከዓምድር - landschap 14
ምግብ ቤት - restaurant 17
የሸቀጣ ሸቀጥ መደብር - wenkri 20
መጠጦች - dringi 22
ምግብ - nyan 23
እርሻ - burugron 27
ቤት - oso 31
ሳሎን - foroisi 33
ማድቤት - botrali 35
መታጠቢያ ቤት - was oso 38
የልጅ ክፍል - pikin kamra 42
አልባሳት - krosi 44
ቢሮ - kantoro 49
ኢኮኖሚ - ekonomia 51
የስራ ሙያዎች - kari 53
መሳሪያዎች - wrokosani 56
የሙዚቃ መሳሪያዎች - poku sani 57
የደር እንስሳት ማቆያ - meti dyari 59
የስፖርት አይነቶች - sport 62
እንቅስቃሴዎች - aktifiteit 63
ቤተሰብ - famiri 67
አካል - skin 68
ሆስፒታል - ati oso 72
ድንገተኛ - nowtu 76
ምድር - grontapu 77
ሰዓት - oloisi 79
ሳምንት - wiki 80
ዓመት - yari 81
ቅርፆች - form 83
ቀለማት - kloru 84
ተቃራኒዎች - difrenti 85
ቁጥሮች - nomru 88
ቋንቋዎች - den tongo 90
ማን/ ምን/ እንዴት - suma / sang / fa 91
የት - pe 92

Impressum
Verlag: BABADADA GmbH, Nedderfeld 112 , 22529 Hamburg
Geschäftsführer / Verlagsleitung: Harald Hof
Druck: Books on Demand GmbH, In de Tarpen 42, 22848 Norderstedt

Imprint
Publisher: BABADADA GmbH, Nedderfeld 112 , 22529 Hamburg, Germany
Managing Director / Publishing direction: Harald Hof
Print: Books on Demand GmbH, In de Tarpen 42, 22848 Norderstedt, Germany

1

ትምህርት ቤት
skoro

ማካፈል / prati
ሰሌዳ / bord
መማሪያ ክፍል / klas
የትምህርት ቤት ቅጥር ግቢ / skoro dyari
መምህር / leriman
ወረቀት / papira
እስክሪብቶ / pen
መማፍ / skrifi
መማፊያ ጠረጴዛ / tafra
ማስመሪያ / lati
መጽሐፍ / buku
ተማሪ / studenti

የጀርባ ቦርሳ
skorotas

የእርሳስ መያዣ
kisi

እርሳስ
skriftiki

የእርሳስ መቅረጫ
srapu

ላጲስ
sisibi

የስዕል ደብተር
prenki buku

ስዕል
prenki

የቀለም ብሩሽ
kwasi

የቀለም ሳጥን
ferfidosu

መቀስ
sisei

ማጣበቂያ
gomma

መልመጃ ደብተር
skrifbuku

የቤት ስራ
skorowroko

ቁጥር
nomru

መደመር
teri

መቀነስ
koti

ማባዛት
vermenigvuldig

ቁጥሮችን ማስላት
teri

ደብዳቤ
brifi

ፊደላት
alfabet

ቃል
wortu

ፅሑፍ

awortu

ማንበብ

lesi

ጠመኔ

kreiti

ትም ህርት

yuru

ም ዝገባ

klasbuku

ፈተና

examen

ሰርተፊኬት

skoropapira

የትም ህርት ቤት የደንብ ልብስ

sem skoro krosi

ትም ህርት

skoro

አዉደ ጥበብ

encyklopedie

ዩኒቨርስቲ

unifersiteit

የም ርም ር አጉሊ መሳርያ

mikroskoop

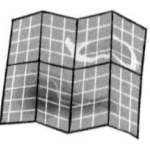

ካርታ

karta

የቆሻሻ ወረቀት መጣያ ቅርጫት

doti embre

ጉዞ
koiri

ሆቴል / hotel
ማረፊያ ቤት / hostel
የውጭ ገንዘብ ምንዛሪ ቢሮ / kenki kantoro
ልብስ መያዣ ሻንጣ / kofru
መኪና / wagi

ቋንቋ / tongo

አዎ / አይደለም / ai / no

እሺ / afen

ሰላም / Ei!

አስተርጓሚ / torku

አመሰግናለሁ / Grantangi

 ስንት ነዉ.......? O meni…?	 አልገባኝም Mi ne ferstan	 እክል problema
 እንደምን አመሹ! Kuneti!	 እንደምን አደሩ! Morgu!	 መልካም ምሽት! Kuneti!
 ደህና ይሰንብቱ Adyosi!	 አቅጣጫ beni	 ሻንጣ bagasi
 ቦርሳ tas	 የጀርባ ቦርሳ tas	 እንግዳ fisiti
 ክፍል kamra	 የመተኛ ቦርሳ sribi saka	 ድንኳን tenti

ጉዞ - koiri

የጎብኚዎች መረጃ
reiskantoro

የባህር ዳርቻ
sekanti

ክሬዲት ካርድ
kreditkarta

ቁርስ
mamanten nyanyan

ምሳ
nyanyan

እራት
nyanyan

ቲኬት
karta

አሳንስር
lift

ማህተም
stampu

ድንበር
lanki

ባህሎች
douane

ኤምባሲ
ambassade

ቪዛ/የይለፍ ወረቀት
fisa

ፓስፖርት
pasportu

ጉዞ - koiri

መጓጓዣ
transport

የማመላለሻ ጀልባ

pondo

ጀልባ

boto

የሞተር ብስክሌት

motro

የፖሊስ መኪና

skowtu wagi

የዉድድር መኪና

streilon wagi

የኪራይ መኪና

yuru wagi

8 መጓጓዣ - transport

የመኪና መጋራት
....
wagi prati

ጎታች መኪና
....
takelwagi

የቆሻሻ ጭነት መኪና
....
doti wagi

ሞተር
....
motro

ነዳጅ
....
oli

የቤንዚን ማደያ
....
oli pompu

የመንገድ ምልክት
....
ferkeermarki

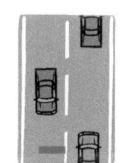

የመኪኖች እንቅስቃሴ
....
ferkeer

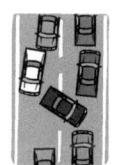

የመኪና መጨናነቅ
....
reylo

የመኪና ማቆሚያ
....
parkeerpresi

የባቡር ጣቢያ
....
lokopresi

የባቡር ሀዲዶች
....
rail

ባቡር
....
loko

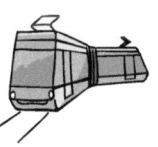

የኤሌክትሪክ ባቡር
....
loko

ሰረገላ
....
wagi

ሊኮፕተር
helikopter

አየር ማረፊያ
opolangi

ማማ
fortresi

መንገደኛ
pasasir

ማስቀመጫ፣ ማጠራቀሚያ
kontainer

ካርቶን እቃ ማሸጊያ
doso

ጋሪ፣ ተሳቢ
wagi

ቅርጫት
baskita

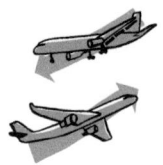
መነሳት/ ማረፍ
opo go / saka

ከተማ
foto

መንደር
dorpu

የ ተማ ማዕ ል
fotosei

ቤት
oso

ሲኒማ
kino

ማስታወቂያ
reklame

የመንገድ ዳር መብራት
strati lampu

መንገድ
strati

ታክሲ
taxi

የቁርስ መቆያ ሱቅ
wenkri

እግረኛ
sma san e waka

ድንጋይ የተነጠፈበት የእግረኛ መንገድ
futupasi

የእግረኛ መሻገሪያ
koti strati abra presi

የቆሻሻ ማጠራቀሚያ
doti kisi

ማቋረጫ
tinpasi

የትራፊክ መብራቶች
faya

ጎጆ
kampu

አፓርታማ
oso

የባቡር ጣቢያ
lokopresi

የከተማ አዳራሽ
foto oso

ቤተ መዘክር
museum

ትምህርት ቤት
skoro

ከተማ - foto

ዩኒቨርስቲ

unifersiteit

ባንክ

bangi

ሆስፒታል

ati oso

ሆቴል

hotel

መድሐኒት ቤት

apteiki

ቢሮ

kantoro

መፅሐፍ መሸጫ

buku winkri

ሱቅ

wenkri

የአበባ መሸጫ

bromki winkri

የሸቀጣ ሸቀጥ መደብር

wenkri

ገበያ ስፍራ

wowoyo

መደብር

wowoyo

የዓሳ ነጋዴ

fisi seri man

የገበያ ማዕከል

bigi wenkri

ወደብ

lanpresi

መናፈሻ ቦታ
park

አግዳሚ ወንበር
bangi

ድልድይ
broki

ደረጃዎች
trapu

ዉስጥ ለዉስጥ
fatyawagi

ዋሻ
ondrogron-strati

የአዉቶቡስ ፌርማታ
bushalte

ባር
bar

ምግብ ቤት
restaurant

የፖስታ ሳጥን
brifibus

የመንገድ ምልክት
strati nen marki

የመኪና ማቆሚያ ሒሳብ የሚያሰላ ማሽን
parkeer marki

የደር እንስሳት ማቆያ
meti dyari

የመዋኛ ገንዳ
swen presi

መስጊድ
gado-oso

ከተማ - foto

እርሻ
burugron

የሚበክል ነገር
doti sani

መቃብር ስፍራ
berpe

ቤተ ክርስቲያን
kerki

መጫወቻ ሜዳ
prei presi

ቤተ መቅደስ
gado-oso

መልከዓምድር
landschap

ቅጠል
wiwiri

የመንገድ ላይ ምልክት
pasi marki

መንገድ
pasi

አረንጓዴ መስክ
wei

ድንጋይ
ston

ዛፍ
bon

በእግሩ የሚጓዝ
koiri sma

ወን
libi

ሳር
grasi

አበባ
bromki

ሸለቆ

lagi presi

ኮረብታ

lebriki

ሀይቅ

fisi-olo

ጫካ

busi

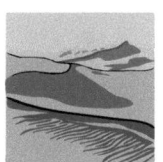

በረሃ

dreisabana

እሳተ ገሞራ

bergi

ግምብ

ridder-oso

ቀስተ ዳመና

alenbo

እንጉዳይ

todoprasoro

የቴምብር ዛፍ/ ዘንባባ

palmbon

ቢንቢ/ የወባ ትንኝ

maskita

በራሪ

freifrei

ጉንዳን

mira

ንብ

waswasi

ሸረሪት

anansi

ጢንዚዛ
asege

እንቁራሪት
todo

ሽኮኮ
bonboni

ጃርት
agidya

ጥንቸል
kon koni

ጉጉት ወፍ
owru kuku

ወፍ
fowru

የዉሃ ዳክዬ
gansi

ከርከሮ
werder agu

አጋዘን
dia

አጋዘን
dia

ግድብ
dan

በነፋስ የሚሽከረከር
winti miri

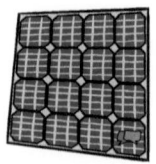
የፀሀይ ፓኔሎ
son planga

አየር ንብረት
weer

መልከዓምድር - landschap

ምግብ ቤት
restaurant

አስተናጋጅ — diniman
ማዉጫ — nyankarta
ወንበር — sturu
ሾርባ — supu
ዛ — pissa
ጠረጴዛ ጨርቅ — tafra duku
መከተፊያ — nefi nanga forku

ምግብ ፍላጎትን ሚከፍት ...ምግብ...
fesi nyanyan

ዋና ምግብ
moro prenspari sortu nyan

ማጣጣሚያ ተከታይ ምግብ
switi sani

መጠጦች
dringi

ምግብ
nyan

ጠርሙስ
batra

ፈጣን ምግብ
fastfood

የመንገድ ምግብ
strati nyanyan

የሻይ ማንቆርቆሪያ
tépatu

የስኳር እቃ
sukru patu

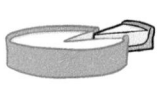
ድርሻ
krab'patu

የቡና ማፊያ ማሽን
espressomasyin

ባለጌ ወንበር
pikin sturu

የክፍያ ደረሰኝ
borgu

ትሪ
brakri

ቢላዋ
nefi

ሹካ
forku

ማንኪያ
spun

የሻይ ማንኪያ
téspun

ልብስ ምግብ እንዳይነካ የሚረዳ
ጨርቅ
servet

ብርጭቆ
grasi

ምግብ ቤት - restaurant

ዝርግ ሰሀን

preti

የሾርባ ጎድጓዳ ሰሀን

supu preti

የስኒ ማስቀመጫ

skotriki

ማጣፈጫ ስጎ

sowsu

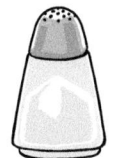

የጨዉ እቃ

sowtupatu

የተፈጨ ቃሪያ

pepre miri

ኮምጣጤ

asin

የምግብ ዘይት

oli

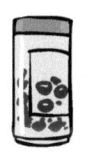

ቀመማ ቅመሞች

specerij

የቲማቲም ድልህ

ketchup

ሰናፍጭ

mosterd

ማዮኒዝ

mayonaise

የሸቀጣ ሸቀጥ መደብር

wenkri

ልዩ አቅራቦት
pristerie
ደምበኛ
bayman
የወተት ተዋፅዖ
merki sani
ፍራፍሬ
froktu
ባለ ጎማ የእጅ ጋሪ
wenkri wagi

ሉካንዳ ነጋዴ

srakti-oso

መጋገርያ

bakri-oso

ክብደት መመዘን

wegi

ቅጠላ ቅጠል አትክልት

gruntu

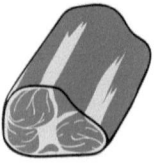

ስጋ

meti

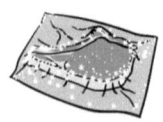

የቀዘቀዘ/የረጋ ምግብ

dijskasi sani

ቀዝቃዛ ቁራጭ

kowru meti

የታሸገ ምግብ

blik nyan

የማጠቢያ ዱቄት

wasi sani

ጣፋጮች

switi sani

የቤት ዉስጥ ዉጤቶች

oso sani

የፅዳት ምርቶች

sani fu krin

የሽያጭ ባለሙያ

seri sma

የገንዘብ መመዝቢያ ማሽን

kas

የሒሳብ ሰራተኛ

kasman

የግዢ ዝርዝር

bai marki

ክፍት ሰዓታት

opo yuru

የኪስ ቦርሳ

portmoni

ክሬዲት ካርድ

kreditkarta

ቦርሳ

tas

የፕላስቲክ ቦርሳ

plastik saka

መጠጦች
dringi

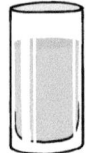

ውሃ

....

watra

ጭማቂ

....

sap

ወተት

....

merki

ኮካ-ኮላ

....

kola

ወይን

....

win

ቢራ

....

biri

አልኮል

....

sopi

ኮካ

....

skrati

ሻይ

....

té

ቡና

....

kofi

የተፈላ ቡና

....

espresso

ካፑቺኖ

....

kappuccino

ምግብ

nyan

ዝ

bakba

ም

apra

ብርቱካን

apresina

ሀብሀብ

watramun

ሎሚ

sitrun

ካሮት

rutu

ነጭ ሽንኩርት

konofroku

ሸምበቆ

bambu

ቀይ ሽንኩርት

aiun

እንጉዳይ

todoprasoro

ለዉዝ

noto

የህፃናት ምግብ

pasta

ፓስታ

spaghetti

ሩዝ

alesi

ሰላጣ

salade

የድንች ጥብስ

patata

ድንች ጥብስ

baka patata

ፒዛ

pissa

ዳቦ ዉስጥ በስሱ ተጠብሶ የገባ ስጋ

burger

ሳንድዊች

brede

ጥሬ ስጋ

schnitsel

የአሳማ ስጋ

ameti

በቅመምና በጨዉ የታሸ ምግብ ቀዝቅዞ የሚበላ ሾርባ ምግብ

salami

ቋሊማ

worst

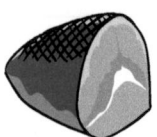

ዶሮ

kafowru

ጥብስ

bakadina

አሳ

fisi

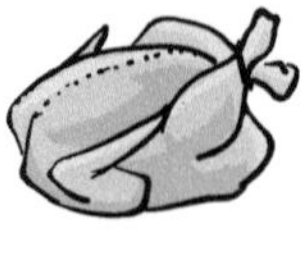

የአጃ ገንፎ
hafermout

ከወተት ጋር ተደባልቀዉ የሚበሉ
...ምግቦች...
muesli

የበቆሎ ቅርፊት
karuflakes

ዱቄት
blon lolo

ኩራሳ
croissant

ድብልብል ዳቦ
brede

ዳቦ
brede

መጥበስ
baka brede

ብስኩት
buskutu

ቅቤ
botro

እርጎ
kwark

ኬክ
kuku

እንቁላል
eksi

እንቁላል ጥብስ
baka eksi

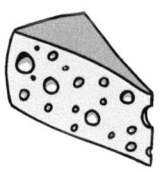

አይብ
kasi

ምግብ - nyan

የበረዶ ክሬም
ice-cream

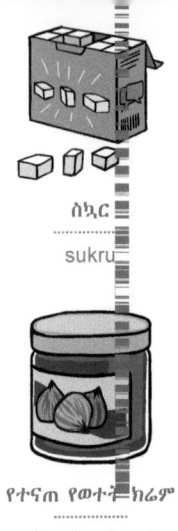

ስኳር
sukru

ማር
oni

ማርማላት
jam

የተናጠ የወተት ክሬም
sukruskrati pasta

ማጣፈጫ
kerrie

ምግብ - nyan

እርሻ
burugron

የገበሬ ቤት
wroko gron presi
የእህልና የከብት ማቀመጫ ቤት
maksin
የጭድ ክምር
grasi bergi
ሜዳ
gron
ፈረስ
asi
ተሳቢ መኪና
aanhangwagi
የፈረስ ዉርንጭላ
pikin asi
የእርሻ መኪና
traktor
አህያ
buriki
በግ
skapu
የበግ ጠ ቦት
pikin skapu

ፍየል

krabita

ላም

kaw

ጥጃ

pikin kaw

አሳማ

agu

ግልገል አሳማ

pikin agu

ኮርማ

burkaw

ዝይ

gansi

ዳክዬ

doksi

የዶሮ ጫጩት

pikin fowru

ዶር

fowru

አዉራ ዶሮ

kakafowru

አይጥ

alata

ደድመት

puspusi

አይጥ

moismoisi

በሬ

burkaw

ዉሻ

dagu

የዉሻ ቤት

dagu pen

የአትክልት ቦታ

tuinslang

ውሃ ማጠጫ ባልዲ

watra kan

ረጅም ማጭድ

nefi

ማረሻ

pluga

ማጭድ
babun-nefi

መኮትኮቻ
tyapu

የእህል መንሽ
forku

መጥረቢያ
beyri

ኩርኩር/ የእጅ ጋሪ
kroiwagi

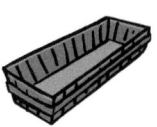

ገንዳ
baki

የወተት ዕቃ
merki kan

ጆንያ ከረጢት
saka

አጥር
skotu

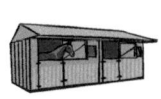

የፈረስ ጋጣ
pen

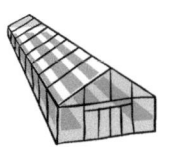

ዕፅዋት ማሳደጊያ የመስታዉት ቤት
grun kasi

አፈር
gron

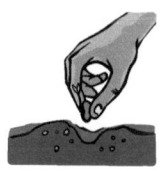

ዘር
siri

የመሬት ማዳበሪያ
doti

ጥምር ማረሻ
maaidorser

 አዝመራ መሰብሰብ koti	 አዝመራ nyanyan	 ድንች yami
 ስንዴ aleisi	 ሶያ soja	 ድንች patata
 በቆሎ karu	 የከብት መኖ koro siri	 የፍሬ ዛፍ froktu bon
 የካሳቫ ዛፍ kasaba	 እህል siri	

እርሻ - burugron

ቤት

oso

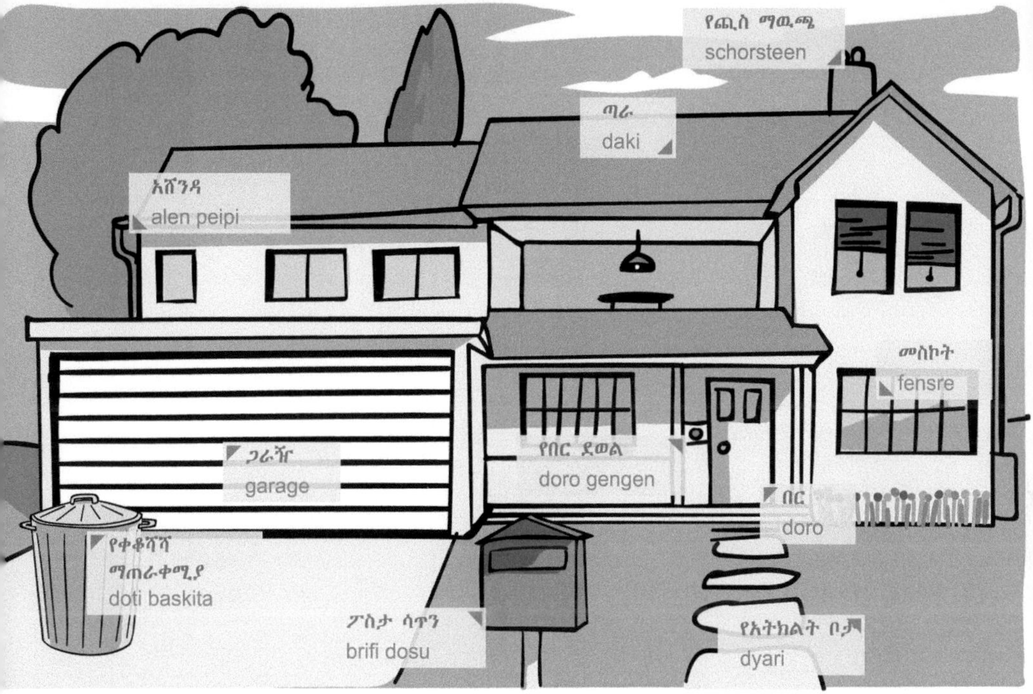

የጪስ ማዉጫ
schorsteen
ጣራ
daki
አሸንዳ
alen peipi
መስኮት
fensre
ጋራዥ
garage
የበር ደወል
doro gengen
በር
doro
የቆሻሻ ማጠራቀሚያ
doti baskita
ፖስታ ሳጥን
brifi dosu
የአትክልት ቦታ
dyari

ሳሎን
....
foroisi

መታጠቢያ ቤት
....
was oso

ማድቤት
....
botrali

መኝታ ቤት
....
sribikamra

የልጅ ክፍል
....
pikin kamra

መመገቢያ ክፍል
....
nyanyan kamra

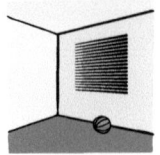

ወለል

gron

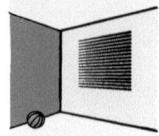

ግድግዳ

skotu

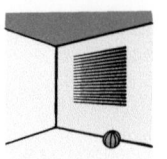

ጣሪያ

plafon

ምድር ቤት

kedre

በእንፋሎት ሙቀት መታጠቢያ ቤት

sauna

ሰገነት

barkon

ከፍ ያለ መደብ

terras

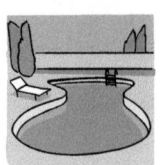

የመዋኛ ገንዳ

swen presi

የማጨጃ መኪና

waimasyin

አንሶላ

sribikrosi

የአል ጋ ል ብስ

sribikrosi

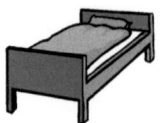

አል ጋ

bedi

መጥረጊያ

sisibi

ባል ዲ

embre

ማብሪያና ማጥፊያ

san fu leti faya

ሳሎን
foroisi

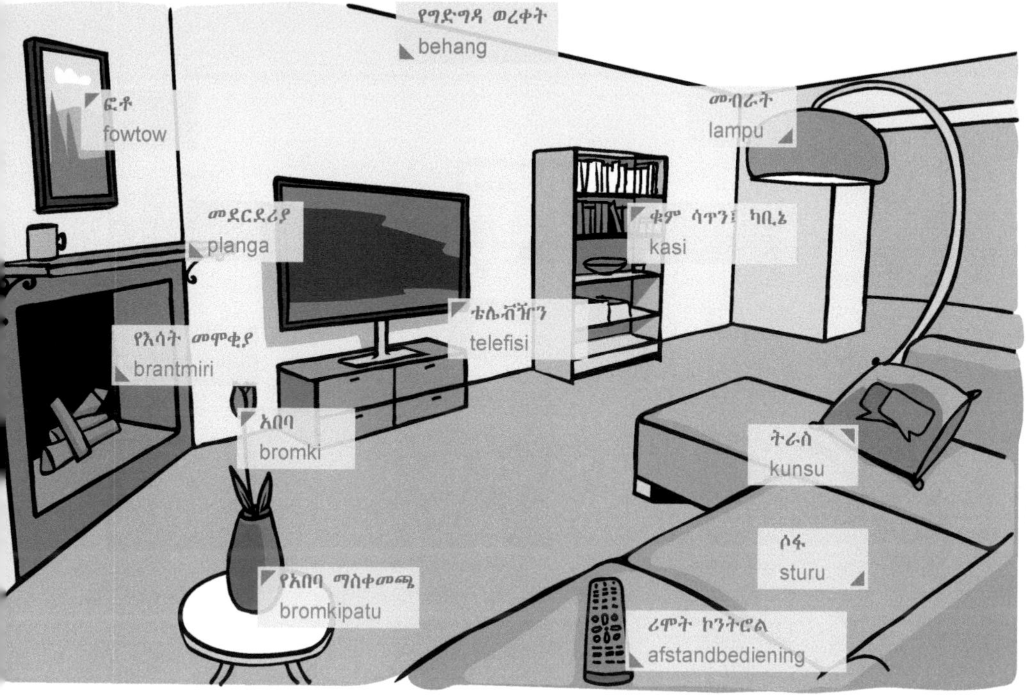

ያግድግዳ ወረቀት — behang
ፎቶ — fowtow
መብራት — lampu
መደርደሪያ — planga
ቁም ሳጥን፣ ካቢኔ — kasi
የእሳት መሞቂያ — brantmiri
ቴሌቪዥን — telefisi
አበባ — bromki
ትራስ — kunsu
ሶፋ — sturu
የአበባ ማስቀመጫ — bromkipatu
ሪሞት ኮንትሮል — afstandbediening

ንጣፍ
matamata

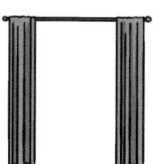

መጋረጃ
garden

ጠረጴዛ
tafra

ወንበር
sturu

ተወዛዋዥ ወንበር
boboisturu

ባለመደገፊያ ወንበር
sturu

መጽሐፍ
....
buku

ብርድ ልብስ
....
tapun

ጌጥ
....
pranpran

ማገዶ
....
udu

ፊልም
....
kino

የሙዚቃ መማጫወቻ
....
stereo- installatie

ቁልፍ
....
sroto

ጋዜጣ
....
koranti

ስዕል
....
skedrei

የተለጠፈ ማስታወቂያ እንደ ስዕል
....
poster

ራዲዮ
....
konkrudosu

ማስታወሻ ደብተር
....
skrifi buku

የአየር ማፅጃ ለምንጣፍ
....
stofsuiger

ቁልቋል
....
kaktus

ሻማ
....
kandra

ማድቤት

botrali

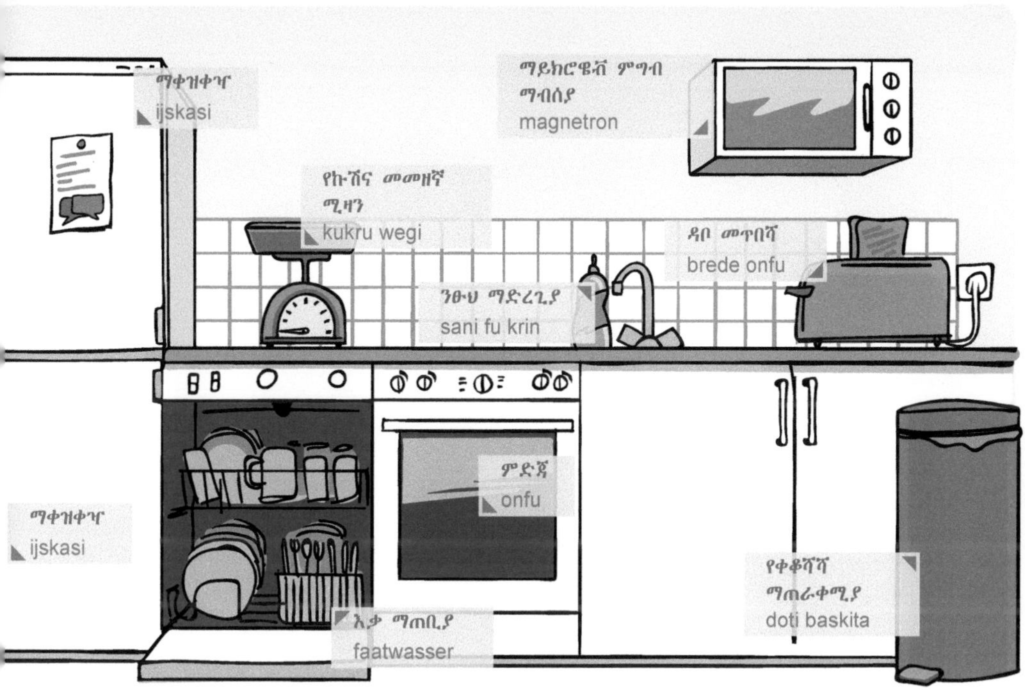

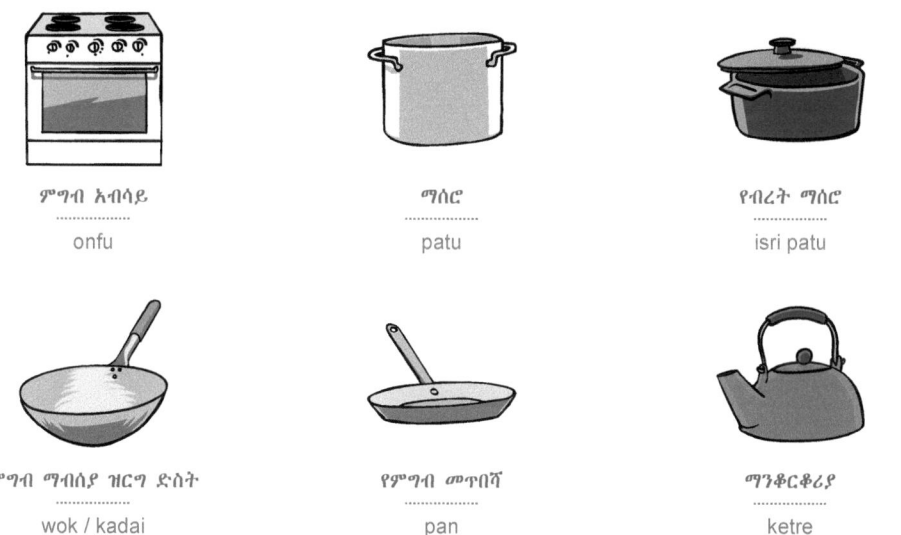

ማቀዝቀዣ
ijskasi
ማይክሮዌቭ ምግብ ማብሰያ
magnetron
የኩሽና መመዘኛ ሚዛን
kukru wegi
ዳቦ መጥበሻ
brede onfu
ንፁህ ማድረጊያ
sani fu krin
ምድጃ
onfu
ማቀዝቀዣ
ijskasi
የቆሻሻ ማጠራቀሚያ
doti baskita
እቃ ማጠቢያ
faatwasser

ምግብ አብሳይ

onfu

ማሰሮ

patu

የብረት ማሰሮ

isri patu

ምግብ ማብሰያ ዝርግ ድስት

wok / kadai

የምግብ መጥበሻ

pan

ማንቆርቆሪያ

ketre

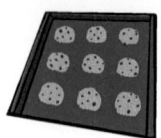

የእንፋሎት ማብሰያ

....

dampupatu

የመጋገሪያ ትሪ

....

baka preti

ሰብስቦች

....

tafra-sani

ትልቅ ኩባያ

....

kan

ጎድጓዳ ሳህን

....

koba

ቾፕስቲክስ

....

nyantiki

ጭልፋ

....

supu spun

መሰቅሰቂያ ዝርግ ማንኪያ

....

spatel

ማደባለቂያ

....

klutser

መወጠሪያ

....

fergiet

ወንፊ ት

....

dorodoro

መፈርፈሪያ መሳሪያ

....

gritigriti

ሲሚንቶ

....

mortier

የፍም ጥብስ

....

barbakoto

የተለቀቀ እሳት

....

faya presi

መክተፊያ

koti planga

ተንሸራታች መርፌ

blon lolo

የጠርሙስ መክፈቻ

korkutreki

ጣሳ

tromu

የጣሳ መክፈቻ

knefi fu opo blik

የማሰሮ መሸፈኛ

patu duku

ሳህን ማጠቢያ

wasibaki

ብሩሽ

bosro

ስፖንጅ

sponsu

መደባለቂያ መሳሪያ

blender

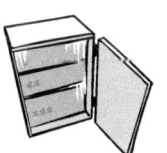

በጣም ማቀዝቀዣ

ijskasi

ጡጦ

beibi batra

ቧንቧ

kran

መታጠቢያ ቤት
was oso

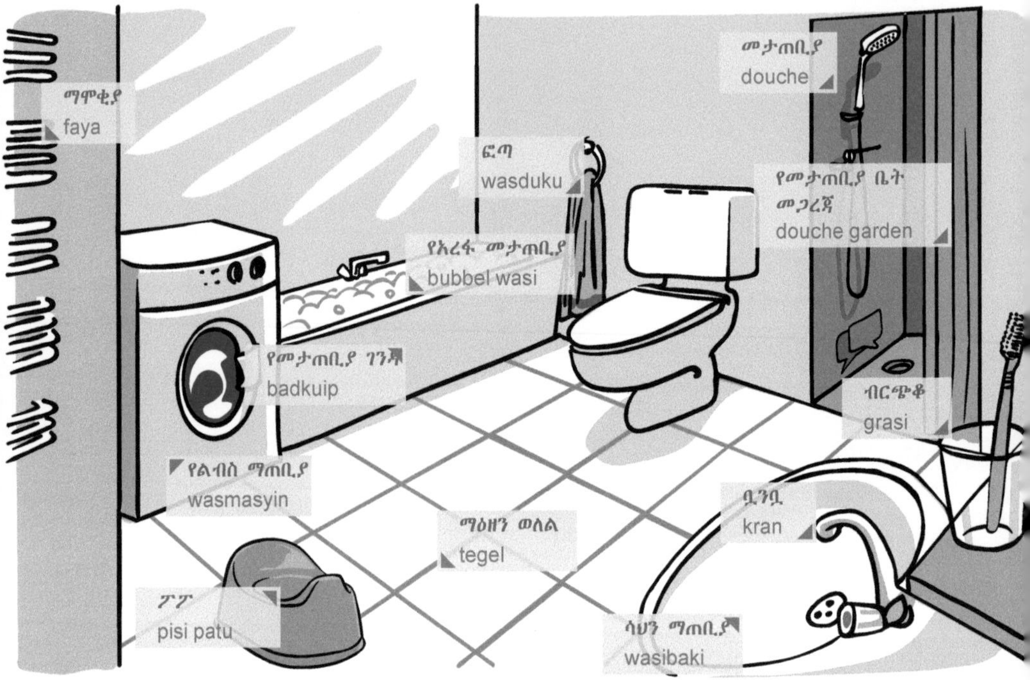

ማሞቂያ / faya
መታጠቢያ / douche
ፎጣ / wasduku
የመታጠቢያ ቤት መጋረጃ / douche garden
የአረፋ መታጠቢያ / bubbel wasi
የመታጠቢያ ገንዳ / badkuip
ብርጭቆ / grasi
የልብስ ማጠቢያ / wasmasyin
ማዕዘን ወለል / tegel
ቧንቧ / kran
ፖፖ / pisi patu
ሳህን ማጠቢያ / wasibaki

ሽንት ቤት
kumakoisi

የሽንት ቤት መቀመጫ
kumakoisi

ሳፋ
bidet

የመንገድ ዳር መሽኛ
pisi presi

የሽንት ቤት ወረቀት
kumakoisi papira

የሽንት ቤት ማፅጃ ብሩሽ
kumakoisi bosro

የጥርስ ብሩሽ

tifi bosro

የጥርስ ሳሙና

tandpasta

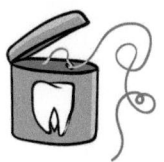

የጥርስ ማፅጃ ክር

floss

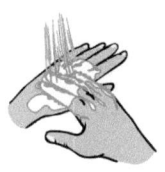

መታጠብ

wasi

የእጅ መታጠቢያ

douche

መታጠቢያ

kumakoisi douche

ጎድጓዳ ሳህን

was koba

የጀርባ ብሩሽ

baka bosro

ሳሙና

sopo

መታጠቢያ የሚዝለገለግ ሳሙና

douchegel

የፀጉር መታጠቢያ ሳሙና

sopo

ለስላሳ ጨርቅ

was krosi

ፍሳሽ

afvoer

ክሬም

krème

ጠረን መቀየሪያ ንጥረ ነገር

okselstik

መስታወት
spikri

የእጅ መስታወት
moimoi fu fesi spikri

ምላጭ
sebinefi

የመላጫ አረፋ
sebiskuma

ከመላጨት በኋላ የሚቀባ ሽቱ
aftershave

ማበጠሪያ
kankan

ብሩሽ
bosro

የፀጉር ማድረቂያ
wiri drei masyin

በፀጉር ላይ የሚነፋ
wirispray

የፊት መቀባቢያ
moimoi fu fesi

የከንፈር ቀለም
lippenstift

የጥፍር ቀለም
nangra ferfi

የጥጥ ሱፍ
katun

ጥፍር መቁረጫ
nangra sey

ሽቶ
switi smeri

ማጠቢያ ባልዲ

tas gi krin sani

መቀመጫ

kroku

ሚዛን

wegi

የመታጠቢያ ልብስ

was dyaki

የላስቲክ ጓንት

handschoen fu krin

ሞዴስ

tampon

የፅዳት ፎጣ

munduku

የሽንት ቤት ኬሚካል

kumakoisi

የልጅ ክፍል
pikin kamra

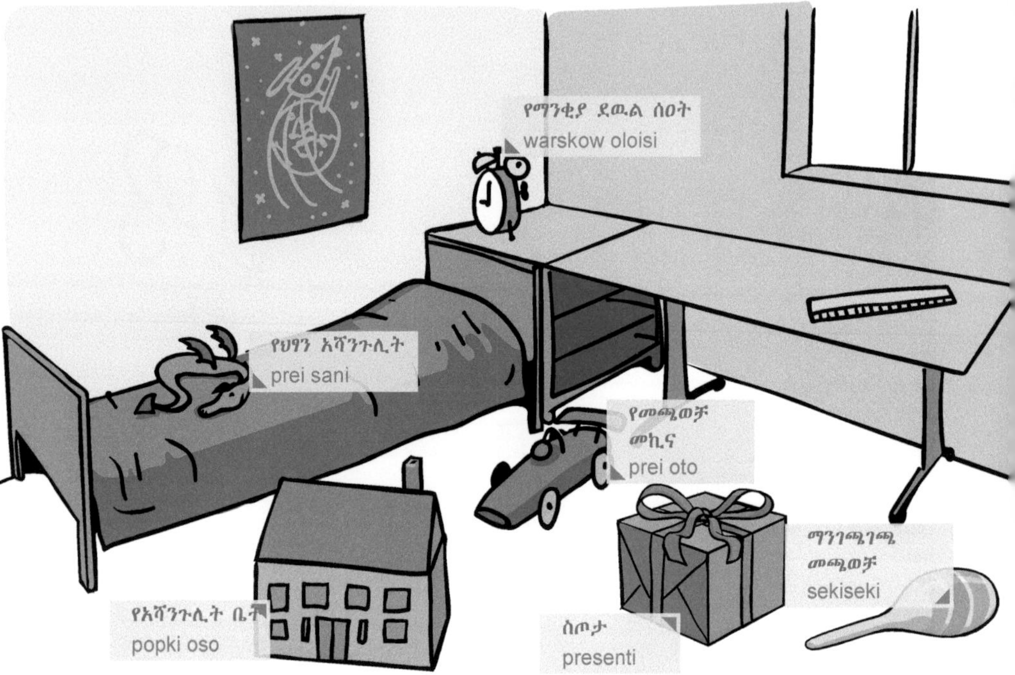

የማንቂያ ደዉል ሰዐት
warskow oloisi
የህፃን አሻንጉሊት
prei sani
የመጫወቻ መኪና
prei oto
ማንገጫገጫ መጫወቻ
sekiseki
የአሻንጉሊት ቤት
popki oso
ስጦታ
presenti

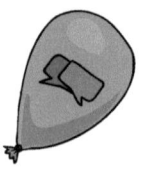

ፊኛ

ballon

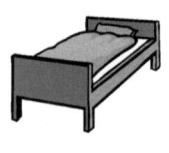

አልጋ

bedi

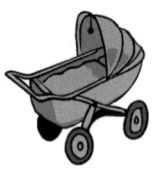

የህፃን ማንሸራሸሪያ ጋሪ

beibiwagi

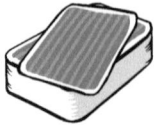

የካርታ መጫወቻ

paki karta

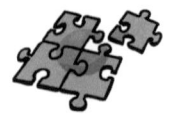

ቁርጥራጭ ምስሎችን የማገጣጠም
እና ምስል የማግኘት ጨዋታ

laytori

SUPER
MEGA

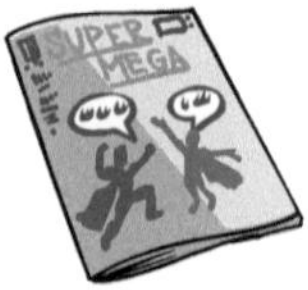

አዝናኝ

strip torie

ተገጣጣሚ መጫወቻ

lego ston

የመጫወቻ መገጣጠሚያዎች

prei sani

የድርጊት ምስል

aktiefiguurtje

የህፃን እድገት

beibikrosi

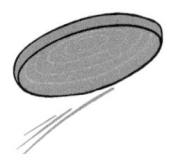

የፕላስቲክ መጫወቻ ዝርግ ሰሀን

frisbee

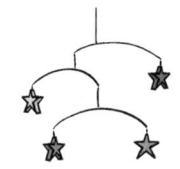

ተወዛዋዥ የህፃን ማጫወቻ

mobile

የሰሌዳ ጨዋታ

prei tapu bord

የመጫወቻ ጠጠር

prei ston

የመጫወቻ ባቡር

prei sani loko

የእንጀራ እናት ጡጦ

bobimofo

ድግስ

fesa

የስዕል መፅሀፍ

prenki buku

ኳስ

bal

አሻንጉሊት

popki

መጫወት

prei

የአሸዋ መጫወቻ

santi baki

ዥዋዥዌ

boboisturu

መጫወቻዎች

preisani

የቪዲዮ መጫወቻ

prei komputer

ባለ ሶስት ጎማ ብስክሌት

baysigri

የአሻንጉሊት ድብ

prei sani

ቁምሳጥን

krosi kasi

አልባሳት

krosi

ካልሲዎች

kowsu

ስቶኪንጎች

kowsu

ታይት

kowsu

ነጠላ ጫማዎች

susu

ጫማዎች

susu

የዝናብ ቡትስ

buta

ሙታንታ

jockey

ጡት መያዣ

bh

ሰደርያ

kamsoro

ሰዉነት

skin

ሱሪዎች

bruku

ጅንስ

jeansbruku

ጉርድ ቀሚስ

koto

ሸሚዝ

blus

ሸሚዝ

empi

የሚጠለቅ ሹራብ

empi

ሹራብ

dyaki

ዩኒፎርም ጃኬት

djakti

ጃኬት

dyakti

ኮት

alendyakti

የዝናብ ኮት

alendyakti

ልብስ

paki

ቀሚስ

yapon

የሙሽራ ቀሚስ

trowyapon

ሱፍ

paki

የለሊት ልብስ

sribikrosi

የለሊት ልብስ

sribikrosi

ረጅም ቀሚስ

sari

ሂጃብ

angisa

ጥምጣም

tulband

ቡርቃ

burka

ሸርጥ

kaftan

አባያ

abaya

የዋና ልብስ

swenkrosi

አጭር ቁምጣ

swenbruku

ቁምጣዎች

syatu bruku

የስራ ቱታ

training paki

ሸርጥ

feskoki

ጓንት

handschoen

ቁልፍ

knopo

መነፅር

aygrasi

አምባር

anubuy

የአንገት ሀብል

keti

ቀለበት

linga

የጆሮ ጌጥ

yesilinga

ኮፍያ

ati

የኮት መስቀያ

krosi anga

ኮፍያ

ati

ከረቫት

tay

ዚፕ

rits

የብረት ቆብ

feti musu

መደገፊያ

bretel

የትምህርት ቤት የደንብ ልብስ

sem skoro krosi

የደንብ ልብስ

sem krosi

መሃረብ
slabbetje

የእንጀራ እናት ጡጦ
bobimofo

ሽንት ጨርቅ
pisiduku

ቢሮ
kantoro

ማሰራጫ ጣቢያ
server

የፋይል መደርደሪያ ካቢኔ
archief kasi

የህትመት መሳሪያ
printer

መቆጣጠሪያ
monitor

ወረቀት
papira

መዓያ ጠረጴዛ
tafra

ማዊዝ
moisi

ማህደር
map

የመዓፊ ቁልፍ
keyboard

የቆሻሻ ወረቀት መጣያ ቅርጫት
doti embre

ኮምፒውተር
komputer

ወንበር
sturu

የቡና መጠጫ ትልቅ ኩባያ
kofi kan

ማስሊያ ማሽን
kalkulator

ኢንተርኔት
internet

ላፕቶፕ
laptop

ደብዳቤ
brifi

መልዕክት
boskopu

ተንቀሳቃሽ ስልክ
konkrutitei

የግንኙነት አዉታር
neti

ማባዣ ማሽን
kopi masyin

ሶፍትዌር
software

ስልክ
konkrutitei

የግድግዳ ሶኬት
stopkontakt

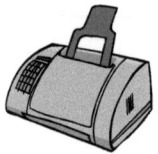
የፋክስ ማሽን
fax masyin

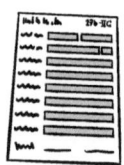
ቅፅ
formulier

ሰነድ
papira

ቢሮ - kantoro

ኢኮኖሚ

ekonomia

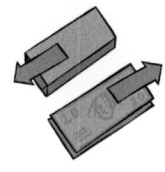

መግዛት

bai

መክፈል

pai

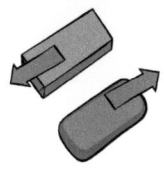

መነገድ

du

ገንዘብ

moni

ዶላር

dollar

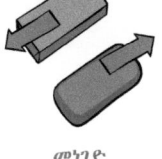

ዩሮ

euro

የን

yen

ሩብል

rubel

የስዊዝ ፍራንክ

frank

ሬንሚንቢ ዩዋን

renminbi yuan

ሩጲ

rupie

የገንዘብ ነጥብ

monimasyin

የዉጭ ገንዘብ ምንዛሪ ቢሮ
kenki kantoro

ወርቅ
gowtu

ብር
solfru

ዘይት
oli

ሀይል፤ ጉልበት
krakti

ዋጋ
prijs

ግንኙነት
kontrakti

ቀረጥ
lantimoni

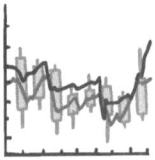

አክስዮን
pisi

መስራት
wroko

ተቀጣሪ
wrokoman

ቀጣሪ
wrokobasi

ፋብሪካ
fabrik

ሱቅ
wenkri

ኢኮኖሚ - ekonomia

የስራ ሙያዎች

kari

የፖሊስ አዛዥ
skowtu
የእሳት አደጋ ሰራተኛ
brandweerman
ምግብ አብሳይ
boriman
ዶክተር
datra
አብራሪ
piloot

አትክልተኛ

....

djariman

አናጢ

....

temreman

ልብስ ሰፊ ሴት

....

modist

ዳኛ

....

krutubasi

ቀማሚ

....

scheikunde sma

ተዋናይ

....

akteur

የአዉቶቢስ ሹፌር sjafeur	የታክሲ ሹፌር taximan	አሳ አጥማጅ fisiman

ፅዳት ሰራተኛ krinsma	የጣራ ሰራተኛ dakitapu man	አስተናጋጅ diniman

አዳኝ ontiman	ሰዓሊ ferfiman	ጋጋሪ bakriman

የኤሌትሪክ ሰራተኛ elektrikman	ገምቢ bow-wroko man	መሃሃዲስ ensjinoru

ልኳንዳ sraktiman	የቧንቧ ሰራተኛ loodgieter	የፖስታ ሰራተኛ postbode

ወታደር	መሃንዲስ	የሒሳብ ሰራተኛ
srudati	architekt	kasman

አበባ ሻጭ	የፀጉር ሰራተኛ	ቲኬት ቆራጭ
bromkisma	seti sma wiri man	kondukteur

መካኒክ	ካፒቴን	የጥርስ ሐኪም
monteur	kapten	tifidatra

ተመራማሪ	መምህር	የሙስሊም ሃይማኖታዊ መሪ
sabiman	Dyu domri	Moslim domri

መነኩሴ	ካህን	
moniki	priester	

መሳሪያዎች
wrokosani

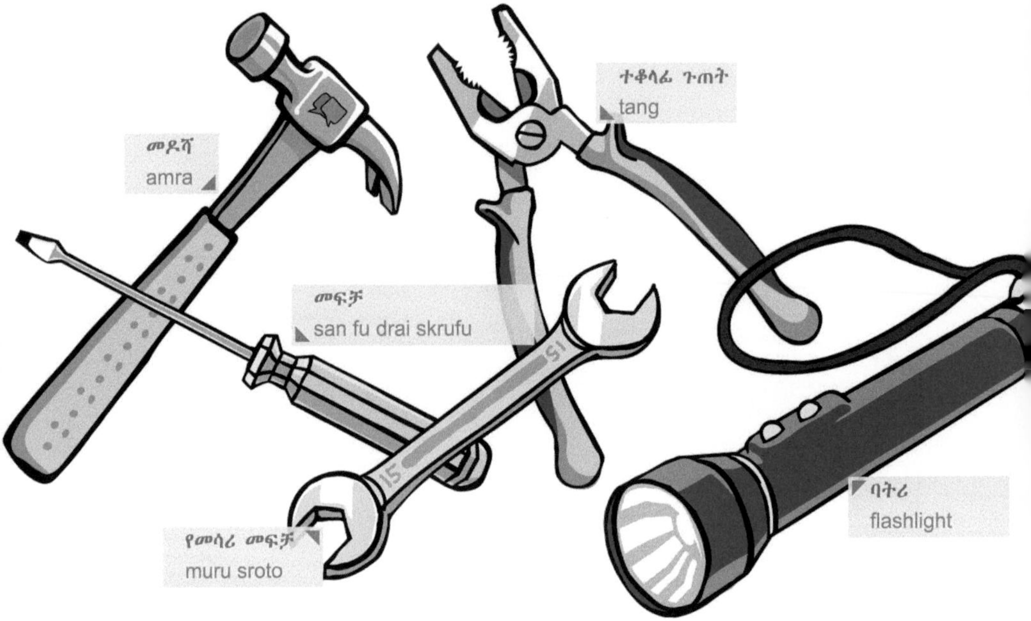

መዶሻ
amra

ተቆላፊ ጉጠት
tang

መፍቻ
san fu drai skrufu

የመሳሪ መፍቻ
muru sroto

ባትሪ
flashlight

በቁፋሮ የሚዝቅ
dikimasyin

የመፍቻ ሳጥን
wrokosani kisi

መሰላል
trapu

መጋዝ
sa

ምስማር
spikri

መሰርሰሪያ
boro

መጠገን

meki

ካፉ

skepi

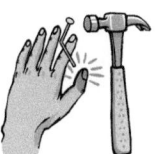

ተረገመ!

Baya!

ሻሻ ማፈሻ

stofblik

ቀለም ር ሮ

ferfi patu

ሎን

skrufu

የሙዚቃ መሳሪያዎች

poku sani

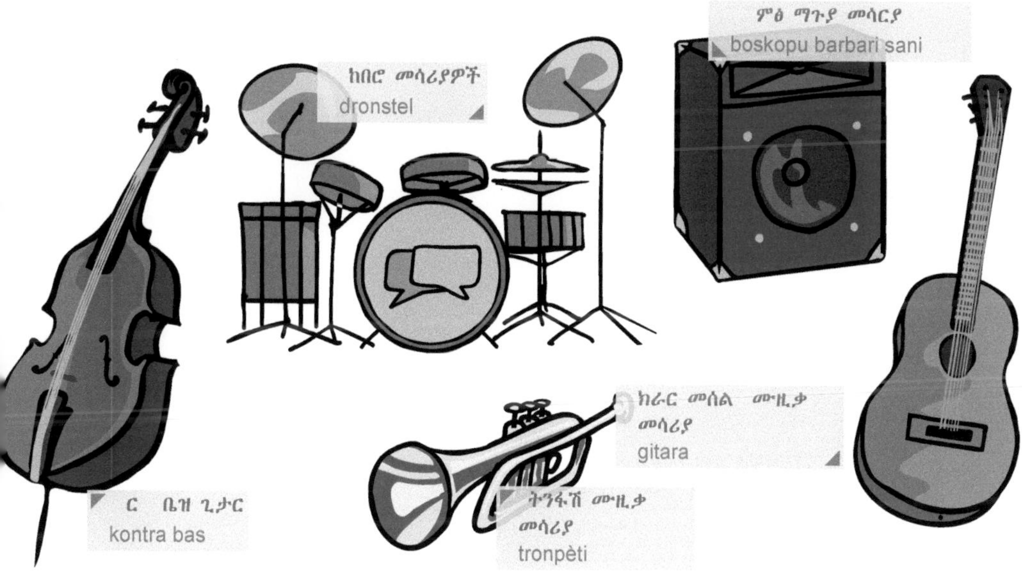

ምፅ ማጉያ መሳርያ
boskopu barbari sani
ከበሮ መሳሪያዎች
dronstel
ክራር መሰል ሙዚቃ መሳሪያ
gitara
ትንፋሽ ሙዚቃ መሳሪያ
tronpèti
ር ቤዝ ጊታር
kontra bas

ሙዚቃ መሳሪያዎች - poku sani 57

ፒያኖ

....

piano

ቫዮሊን

....

finyoro

ወፍራም፤ ጎርናና ድምፅ ያለዉ ክራር መሰል ሙዚቃ መሳሪያ

....

bas

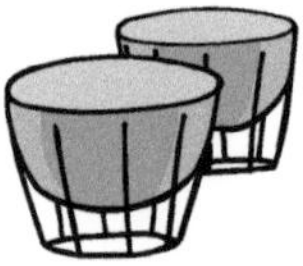

ነጋሪት

....

pauk

ከበሮ

....

dron

በኤሌክትሪክ የሚሰራ ፒኖ

....

keyboard

የትንፋሽ ሙዚቃ መሳሪያ

....

saxofon

ዋሽንት

....

froiti

የድምፅ ማጉያ

....

mikrofon

የደር እንስሳት ማቆያ
meti dyari

ነብር / tigri
ሳጥን / pen
የሜዳ አህያ / sabanaburiki
የእንሰሳ ምግብ / meti nyan
መግቢያ / mofodoro
ትልቅ ድብ / panda

እንስሳቶች
meti

ዝሆን
asaw

ካንጋሮ
kangeru

አዉራሪስ
neushoorn

ትልቅ ዝንጀሮ
gorilla

ድብ
beer

ግመል

kameri

ሰጎን

stroisifowru

አንበሳ

lew

ጦጣ

monki

ቅልጥመ ረዥም ወፍ

korikori

በቀቀን

popokai

የወዋልታ ድብ

ijsbeer

የዋልታ ወፎች

pinguïn

ረጅም ጥርሶች ያሉትአሳ ነባሪ

sarki

ጣዎስ

prodokaka

እባብ

sneki

አዞ

kaiman

የዱር አራዊት የሚጠበቁበት ማቆያን የሚጠብቅ

sma san e sorgu meti

አሳ በሊታ የባህር እንስሳ

sedagu

የዱር ድመት

penitigri

ድንክ ፈረስ

pikin asi

ነብር

penitigri

ጉማሬ

watrabofru

ቀጭኔ

giraf

ንስር

aka

ከርከሮ

werder agu

አሳ

fisi

የባህር ኤሊ

sekrepatu

የባህር አዉሬ

walrus

ቀበሮ

sabanadagu

የሜዳ ፍየል፤ሚዳቋ

dia

የስፖርት አይነቶች

sport

እግር ኳስ

futubal

የላበ ኳስ ጨዋታ

badminton

አትሌቲክስ

atletiek

የእጅ ኳስ ስፖርት

anubal

የበረዶ መንሸራተት ስፖርት

skiën

ፈረስ ግልቢያ

polo

እንቅስቃሴዎች
aktifiteit

መፃፍ	መሳል	ማሳየት
skrifi	hari	sori

መጋፋት	መስጠት	መዉሰድ
pusu	gi	teki

መያዝ
abi

ማድረግ
dati

መሆን
de

መቆም
tnapu

መሮጥ
lon

መሳብ
hari

መወርወር
trowe

መዉደቅ
fadon

መዋሸት
lei

መጠበቅ
wakti

መሸከም
tyari

መቀመጥ
sidon

መልበስ
weri

መተኛት
sribi

መንቃት
wiki

እንቅስቃሴዎች - aktifiteit

መመልከት

....

luku

ማለልቀስ

....

krei

መጫር

....

korikori

ማበጠር

....

kan

ማዉራት

....

taki

መረዳት

....

ferstan

ጥያቄ

....

aksi

ማዳመጥ

....

arki

መጠጣት

....

dringi

መብላት

....

nyanyan

ማንፃት

....

krin

ማፍቀር

....

lobi

ምግብ ማብሰል

....

bori

መንዳት

....

rei

መብረር

....

frei

መርከብ መንዳት
seiri

ቁጥሮችን ማስላት
teri

ማንበብ
lesi

መማር
leri

መስራት
wroko

ማግባት
trow

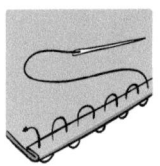
መስፋት
nai

ጥርስ መቦረሽ
krintifi

መግደል
kiri

ማጨስ
smoko

መላክ
seni

እንቅስቃሴዎች - aktifiteit

ቤተሰብ
famiri

የሴት አያት — granmama
የወንድ አያት — granpapa
አባት — papa
እናት — mama
ህፃን — beibi
ሴት ልጅ — umapikin
ወንድ ልጅ — manpikin

እንግዳ
fisiti

አ ስት
tanta

አጎት
omu

ወንድም
brada

እህት
sisa

አካል
skin

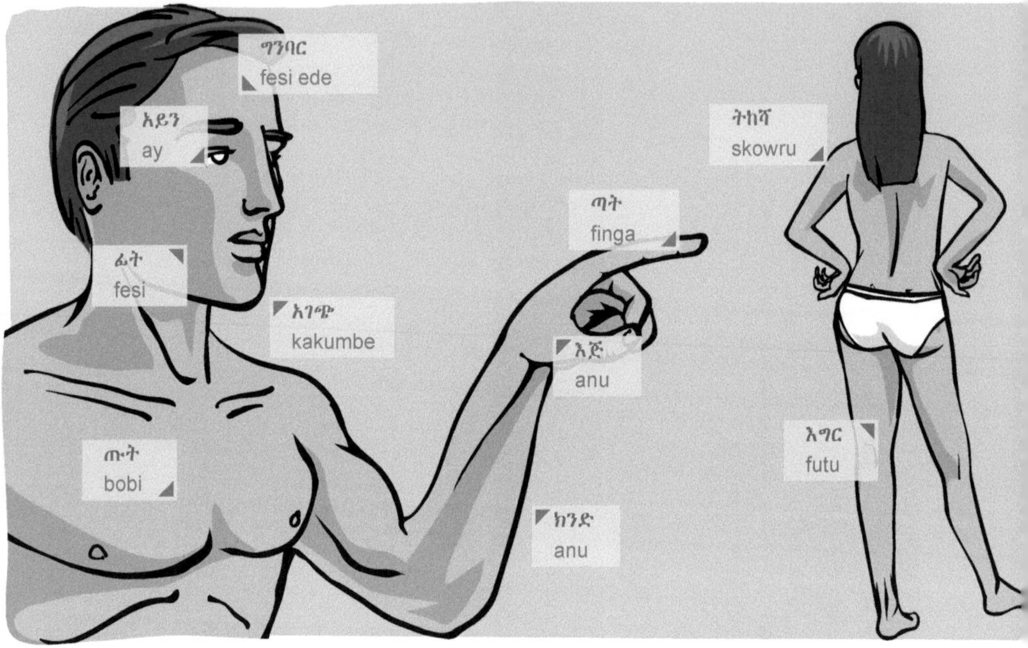

ግንባር / fesi ede
አይን / ay
ፊት / fesi
ጡት / bobi
አገጭ / kakumbe
ጣት / finga
እጅ / anu
ክንድ / anu
ትከሻ / skowru
እግር / futu

ህፃን
beibi

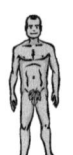

ሰዉ
man

ሴት
uma

ልጃገረድ
uma pikin

ወንድ ልጅ
boi

ራስ
ede

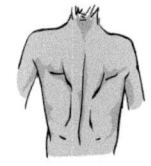
ጀርባ
baka

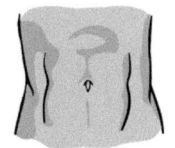
ሆድ
bere

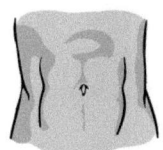
እምብርት
kumba

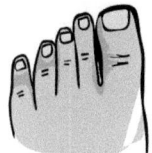
የእግር ጣት
futufinga

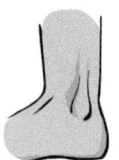
ተረከዝ
bakafutu

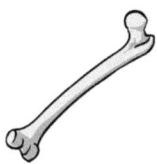
አጥንት
bonyo

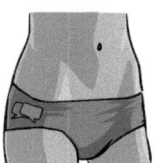
ዳሌ
djonku

ጉልበት
kindi

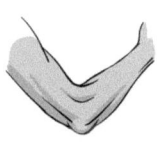
ክርን
baka anu

አፍንጫ
noso

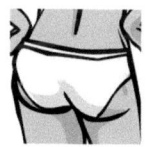
ቂጥ
bakasei

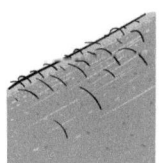
ቆዳ
skin

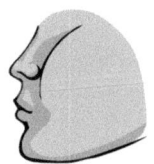
ጉንጭ
seifesi

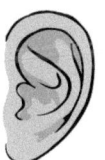
ጆሮ
yesi

ከንፈር
mofobuba

አካል - skin

አፍ
mofo

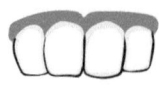

ጥርስ
tifi

ምላስ
tongo

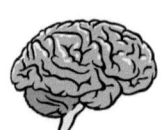

አንጎል
ede tonton

ልብ
ati

ጡንቻ
titei

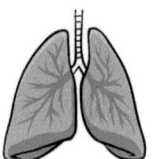

ሳምባ
fokofoko

ጉበት
lefre

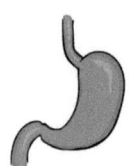

ሆድ
bere

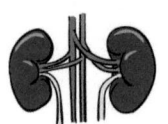

ኩላሊቶች
niri

የግብረስጋ ግንኙነት
freiri

ኮንዶም
pipikowsu

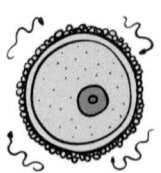

የሴት እንቁላል
eksi

የዘር ፈሳሽ
siri

እርግዝና
bere

አካል - skin

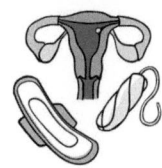

የወር አበባ

....

munsiki

እምስ

....

umapresi

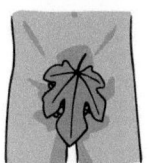

ቁላ

....

toli

ቅንድብ

....

atapu-ay-wiwiri

ፀጉር

....

wiwiri

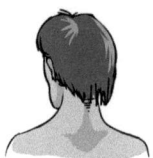

አንገት

....

neki

ሆስፒታል
ati oso

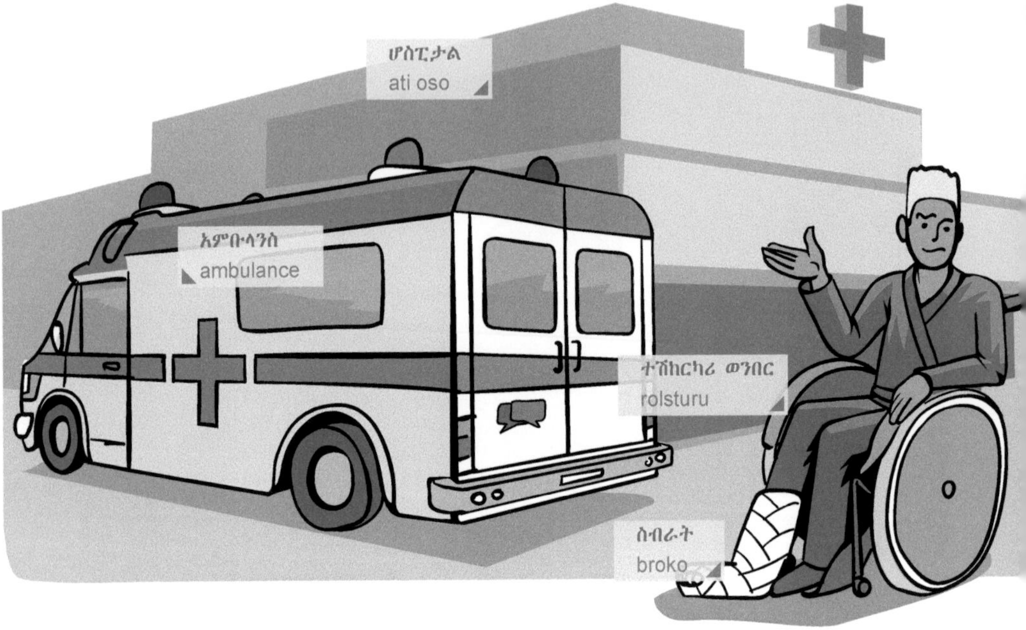

ሆስፒታል / ati oso

አምቡላንስ / ambulance

ተሽከርካሪ ወንበር / rolsturu

ስብራት / broko

ዶክተር
datra

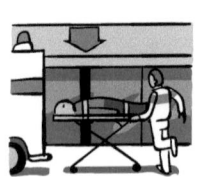

ድንገተኛ ክፍል
EHBO

ነርስ
suster

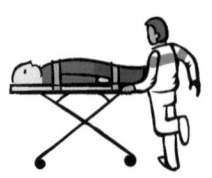

ድንገተኛ
nowtu

ራስን መሳት/ አለማወቅ
flaw

ህመም
pen

ጉዳት

soro

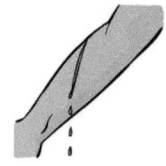

መድማት

brudu

የልብ ድካም

ati siki

ስትሮክ

bururtu

አለርጂ

trefu

ሳል

koso

ትኩሳት

kortsu

ኢንፍሉዌንዛ

griep

ተቅማጥ

lusu bere

የራስ ምታት

ede-ati

ካንሰር

takrusiki

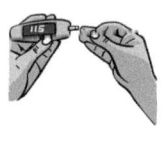

የስኳር በሽታ

sukru

ቀዶ ጠጋኝ ሐኪም

chirurg

የቀዶ ጥገና ስለት

skalpel

ቀዶ ጥገና

operâsi

ሲቲ

CT

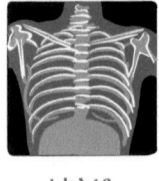

ኤክስሬዬ

röntgen

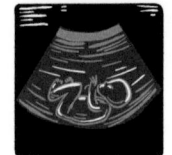

አልትራሳዉንድ

echo

የፊት ጭምብል

fesi maskradu

በሽታ

siki

መጠበቂያ ክፍል

wakti kamra

ምርኩዝ

kroku

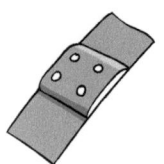

የቁስል ማሸጊያ

duku

ፋሻ

duku

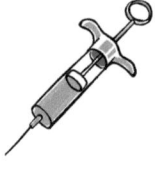

መርፌ

spoiti

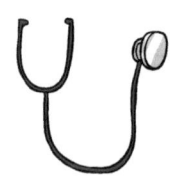

የልብ ምት ማዳመጫ መሳሪያ

stethoskoop

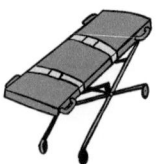

የበሽተኛ አልጋ

brandkard

የህክምና ሙቀት መለኪያ መሳሪያ

temperatuur marki

መውለድ

gebore

ከልክ ያለፈ ክብደት

fatu

ለመስማት የሚረዳ መሳሪያ

masyin fu yere

ፀረ ተባይ መድሀኒት

sani fu krin

ማመርቀዝ

dyomposiki

ቫይረስ

firus

ኤች አይቪ ኤድስ

HIV / AIDS

ህክምና

dresi

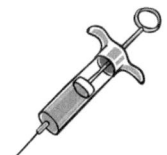

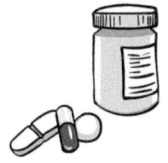

ክትባት

faksinasi

ኪኒን

perki

ኪኒን

perki

አስቸኳይ የስልክ ጥሪ

nowtu nomru

ደም ግፊት መቆጣጠሪያ

brudu marki

ህመም/ ጤንነት

siki / gesontu

ድንገተኛ
nowtu

እርዳታ!
Yepi!

ማንቂያ ደዉል
warskow

ጥቃት
feti

ድብደባ
feti

አደጋ
ogri

የድንገተኛ መዉጫ
a nowtu doro

እሳት!
Faya!

እሳት ማጥፊያ
fayakiri sani

አደጋ
mankeri

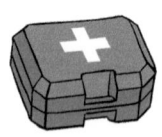
የመጀመሪያ እርዳታ መድሃኒት መያዣ
EHBO-kofru

ነፍስ አድን
SOS

ፖሊስ
skowtu

ምድር
grontapu

አዉሮፓ
Bakrakondre

ሰሜን አሜሪካ
Opo-Amerkan

ደቡብ አሜሪካ
Suid-Amerkan

አፍሪካ
Afrika

እስያ
Asi

አዉስትራሊያ
Australia

አትላንቲክ
Atlantis Se

ፓስፊክ
Tan tiri Se

የህንድ ዉቅያኖስ
Indisch Se

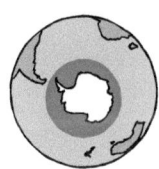

አንታርክቲክ ዉቅያኖስ
Suidsei Se

አርክቲክ ዉቅያኖስ
Noordsei Se

ሰሜን ዋልታ
Noordsei

ምድር - grontapu

ደቡብ ዋልታ
Suidsei

ንታርክቲካ
Antartika

ምድር
grontapu

መሬት
kondre

ባህር
se

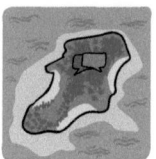

ደሴት
eilanti

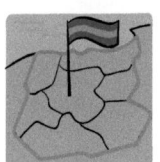

ገርና ህዝብ
nâsi

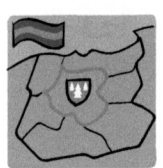

መን ስት
lanti

ሰዓት

oloisi

የሰዓት ገፅታ

oloisi fesi

ሰዓት

yuru sori

ደቂቃ

miniti sori

ሴኮንድ

sekonde sori

ስንት ሰዓት ነው?

O lati a de?

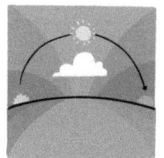

ቀን

dey

ጊዜ

ten

አሁን

now

የቁጥር ሰዐት

oloisi

ደቂቃ

miniti

ሰዓታት

yuru

ሳምንት
wiki

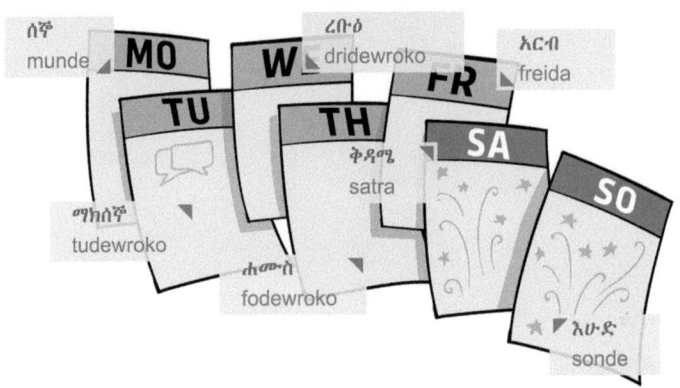

ትላንት
esde

ዛሬ
tide

ነገ
tamara

ማለዳ
mamanten

ቀትር
bakadina

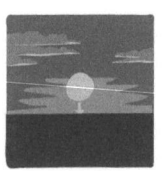

ምሽት
neti

የስራ ቀናት
den wrokodei

የዕረፍት ቀናት
weekend

ዓመት

yari

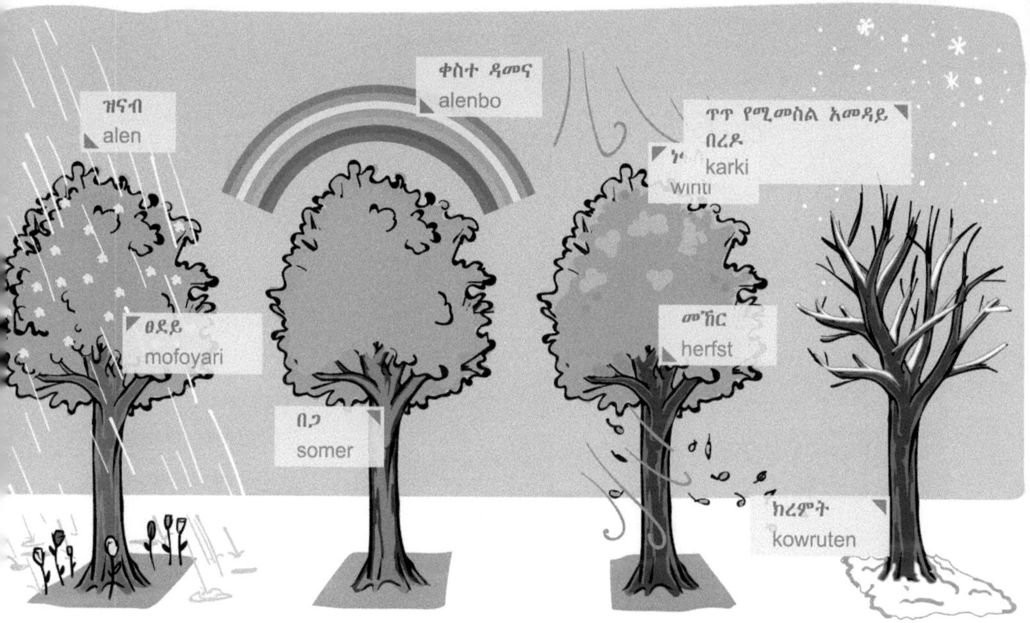

ዝናብ
alen
ቀስተ ዳመና
alenbo
ጥጥ የሚመስል አመዳይ በረዶ
karki
ፀደይ
mofoyari
በጋ
somer
መኸር
herfst
ክረምት
kowruten

የአየር ሁኔታ ትንበያ

....

taki fu a weer

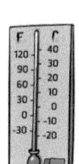

F

የሙቀት መለኪያ

....

thermometer

የፀሀይ ሙቀት

....

skèin fu a son

ደመና

....

wolku

ጭጋግ

....

dow

እርጥበታማነት

....

loktu foktu

መብረቅ

faya

ነጎድጓድ

dondru

አዉሎ ንፋስ

sekiwatra

የበረዶ ዝናብ

agra

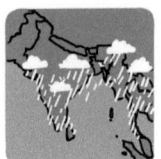

አዉሎ ንፋስ

bigi skwala

ጎርፍ

frudu

በረዶ

èisi

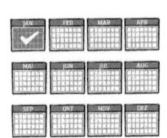

ጥር

januari

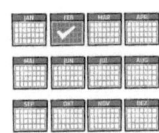

የካቲት

februari

መጋቢት

maart

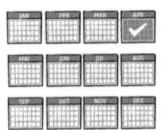

ሚያዚያ

april

ግንቦት

mei

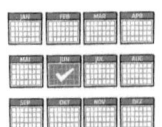

ሰኔ

juni

ሐምሌ

juli

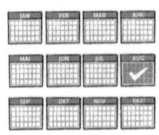

ነሀሴ

augustus

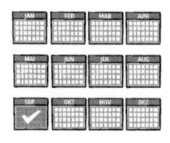

መስከረም

september

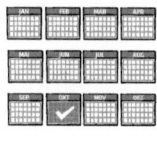

ጥቅምት

oktober

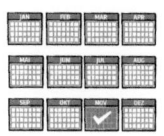

ህዳር

nofember

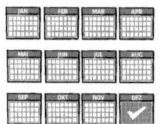

ታህሳስ

december

ቅርፆች

form

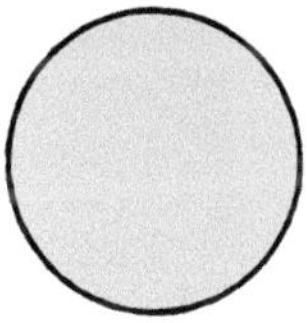

ክብ

lontu

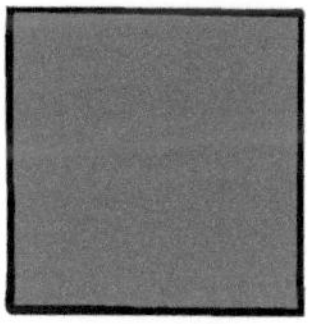

አራት ማዕዘን

fokanti

አራት ተጥነኛ ማዕዘኖች ጎኖች ያሉት ቅርፅ

fokanti naga langa sei

ሶስት ማዕዘን

dri-uku

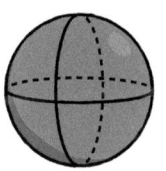

ሉል

lontu

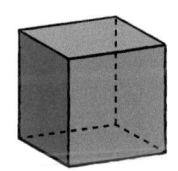

ስድስት ጎን ያለዉ ቅርፅ

kubus

ቀለማት

kloru

ነጭ

witi

ቢጫ

geri

ርቱካናማ

alanya

ዝ

ròs

ይ

redi

ወይን ጠኽ

lila

ሰማያዊ

blaw

ረንጓዴ

grun

ቡኒ

broin

ግራጫ

grei

ጥቁር

blaka

ተቃራኒዎች
difrenti

ብዙ/ ጥቂት
tumsi / wanwan

ንዴት/ እርጋታ
atibron / tiri

ቆንጆ/ አስቀያሚ
moi / takru

ጅማሬ/ ፍፃሜ
begin / kba

ትልቅ/ ትንሽ
bigi / ptyin

ደማቅ/ ደብዛዛ
lekti / dungru

ወንድም/ እህት
brada / sisa

ንፁህ/ ቆሻሻ
krin / doti

የተሟላ/ ያልተሟላ
krinkrin / no bun nofo

ቀን/ ምሽት
dei / neti

የሞተ/ ህያዉ
dede / libi

ሰፊ/ ጠባብ
bradi / smara

የሚበላ/ የማይበላ

kan nyan / no kan nyan

ክፉ/ ደግ

takru / bun

ደስተኛ/ ድብርተኛ

prisiri / ferferi

ወፍራም/ ቀጭን

fatu / fini

መጀመርያ/ መጨረሻ

fosi / lasti

ጓደኛ/ ጠላት

mati / feyanti

ሙሉ/ ጎዶሎ

furu / leigi

ጠንካራ/ ለስላሳ

tranga / safu

ከባድ/ ቀላል

hebi / lekti

ረሃብ/ ጥማት

angri / dreineki

ህመም/ ጤንነት

siki / gesontu

ህገወጥ/ ህጋዊ

no gi pasi / tru

ጎበዝ/ ደደብ

koni / don

ግራ/ ቀኝ

kruktu / leti

ቅርብ/ ሩቅ

gi / fara

አዲስ/ አሮጌ

....

nyun / owru

ምንም/ የሆነ ነገር

....

noti / wan sani

ሽማግሌ/ ወጣት

....

owru / jongu

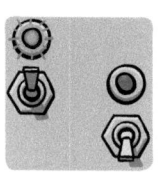

የበራ/ የጠፋ

....

leti / tapu

ክፍት/ ዝግ

....

opo / tapu

ፀጥታ/ ጫጫታ

....

safu / tranga

ሃብታም/ ደሃ

....

gudu / poti

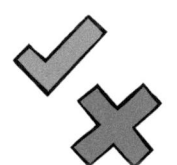

ትክክለኛ/ የተሳሳተ

....

bun / fowtu

ሻካራ/ ለስላሳ

....

grofu / grati

ሐዘን/ ደስታ

....

sari / breiti

አጭር/ ረዥም

....

shatu / langa

ዝግተኛ/ ፈጣን

....

loli / esi-esi

እርጥብ/ ደረቅ

....

nati / drei

ሞቃት/ ቀዝቃዛ

....

warang / kowru

ጦርነት/ ሰላም

....

feti / freide

ቁጥሮች
nomru

0 ዜሮ
noti

1 አንድ
wan

2 ሁለት
tu

3 ሶስት
dri

4 አራት
fo

5 አምስት
feifi

6 ስድስት
siksi

7 ሰባት
seibi

8 ስምንት
aiti

9 ዘጠኝ
neigi

10 አስር
tin

11 አስራ አንድ
erfu

12

አስራ ሁለት

twarfu

13

አስራ ሶስት

tin-na-dri

14

አስራ አራት

tin-na-fo

15

አስራ አምስት

tin-na-feifi

16

አስራ ስድስት

tin-na-siksi

17

አስራ ሰባት

tin-na-seibi

18

አስራ ስስምንት

tin-na-aiti

19

አስራ ዘጠኝ

tin-na-neigi

20

ሃያ

twenti

100

መቶ

hondru

1.000

ሽህ

dusun

1.000.000

ሚሊዮን

milyun

ቋንቋዎች

den tongo

እንግሊዝኛ

Ingristongo

የአሜሪካ እንግሊዝኛ

Amerkan Ingristongo

የቻይና ማንዳሪን

Sneisi Mandarijntongo

ንዱ

Hinditongo

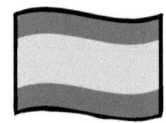

ፓኒሽ

Spanyoro

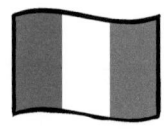

ፍሬንች

Frans

አረብኛ

Arabiatongo

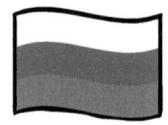

ራሺያኛ

Rusitongo

ፖርቱጊዝ

Potogisi

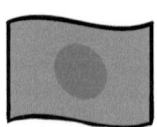

ቤንጋሊ

Bengalitongo

ጀርመን

Doisritongo

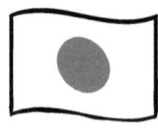

ጃፓንኛ

Japantongo

ማን/ ምን/ እንዴት
suma / sang / fa

እኔ
mi

አንተ
yu

እሱ/ እርሷ/ እቃዉ
en / en / en

እኛ
unu

አንተ
yu

እነርሱ
den

ማን?
suma?

ምን?
san?

እንዴት?
fa?

የት?
pe?

መቼ?
oten?

ስም
nen

የት
pe

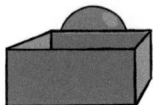

በስተጀርባ
baka

ዉስጥ
ini

ከፊት ለፊት
fesi

ከላይ
abra

ላይ
tapu

ከስር
ondro

አጠገብ
na sei

መሃከል
mindri

ቦታ
presi